THE HISTORY OF THE CURVE WRECKER

學霸養成記

歷代學子的逆襲之路

韓明輝 著

目錄
CONTENTS

目錄
CONTENTS

1

蘇秦

想做學霸，就要對自己狠一點

戰國時期，有一個以糊弄王侯將相為己任的組織叫縱橫家。其中，有個叫蘇秦的大老，專挑各國國君糊弄，且能搞得他們懷疑人生。

沒辦法，誰讓我嘴皮子溜呢！

小知識

縱橫家，三教九流中「九流」之一。了解國際形勢，長於謀略，懂權變，善言辭，且能夠做決斷，是戰國至秦、漢時期重要的政治參與者，也是當時解決國與國之間矛盾的不可或缺人物。鬼谷子、蘇秦、張儀是縱橫家的主要代表人物。

不過，大紅大紫前，他卻是一條大鹹魚。

這是一條有夢想的鹹魚，大家快來為他按讚！

蘇秦本來是個草根，卻有官癮。但想做官沒有點才華怎麼行呢？做為東周洛陽人的他，決定出國深造。

我要去國外鍍金！

當時，齊國是出國留學的熱門國家。蘇秦隨著潮流去了齊國，且很幸運地拜在神人鬼谷子門下。

小知識

鬼谷子一直都是神一般的存在，至今沒人能弄清他到底是何方神聖。據說他名叫王詡，因隱居在雲夢山的鬼谷中而被尊稱為「鬼谷子」。他精通百家學問，不但是縱橫家的祖師爺，還是道家、兵家、名家等學派的集大成者。

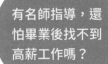

有名師指導，還怕畢業後找不到高薪工作嗎？

嗯，這個自然！

小知識

俗話說：「師父領進門，修行在個人。」雖然鬼谷子是個屬害角色，但蘇秦卻未修行到家，所以畢業後在外打拚多年，依然是個月光族。

蘇秦一回到家，老婆、嫂子
等人見他一副落魄模樣，自然都
沒有好臉色。

親人的打擊往往最致命，搞得蘇秦的心碎得和玻璃渣似
的。不過，他是個充滿正能量的人，你愈打擊，他愈發憤圖強。

想要人前顯貴，必定人後受罪。為了能鹹魚翻身，蘇秦立志做一名學霸。他整天閉門不出，埋頭苦讀，每當打瞌睡時，就拿錐子刺自己的大腿。

小知識

有個成語叫「懸梁刺股」，「刺股」說的就是蘇秦，而「懸梁」說的是東漢人孫敬。大家都知道，讀書時間久了容易打瞌睡。為避免打瞌睡影響讀書，孫敬將頭髮用繩子綁在房梁上。只要一打盹，頭皮就會被繩子扯痛，頓時精神百倍，然後就能繼續讀書了。

想做學霸，就要對自己狠一點！

英雄所見略同！

蘇秦把家裡的藏書讀完後，感覺還差點火候，於是又找了一本叫《太公陰符》的書，研究了一年，終於像被雷劈過一樣，突然開竅了。

是時候展示真正的技術了！

說得像真的似的！

蘇秦最先向已經沒落的天下共主周天子投履歷，雖然收到面試通知，但周天子的那幫豬隊友不識貨，所以未被錄用。

今天你對我愛理不理，明天我讓你高攀不起！

國內混不下去，蘇秦只好出國發展。去哪裡呢？他選擇強大的秦國。

小知識

戰國時期有很多國家，但強國只有七個，號稱「戰國七雄」。分別是齊國、楚國、燕國、韓國、趙國、魏國和秦國。七國中，秦國最強大，最有可能兼併六國，一統天下。

當時，秦國是老闆直接面談。蘇秦一見到大老闆秦惠王，開門見山地說他能幫秦國滅掉六國，成就霸業。秦惠王十分感動，然後拒絕了他。

那時候，秦惠王剛處死商鞅，特別討厭這種專愛打嘴炮的說客，再加上當時時機確實不成熟，所以沒有採納蘇秦的建議。

秦惠王絕對不會想到，一個被他瞧不起的草根，很快會讓秦國吃盡苦頭，因為蘇秦轉過身就將槍口對準秦國。

縱橫家有兩大法寶：合縱和連橫。合縱就是眾多小國為了不被欺負而抱團，共同對抗大國；連橫就是一個大國拉攏個別國家，一起欺負其他國家。

如何才能促成六國合縱呢？

大國都是硬骨頭，不太好啃，尤其是對蘇秦這種沒什麼名氣的素人而言。

思來想去，蘇秦決定先從軟柿子下手。誰是軟柿子呢？燕國！

燕國要不是風水好，早讓人給滅了。蘇秦提出要幫忙找保護傘，還不收保護費，你說燕國能不答應嗎？

燕國第一個入坑，國君燕文侯不但配備專車給蘇秦，還發給他大紅包，讓他去遊說趙國。

其實，燕國只是合縱的敲門磚，趙國才是合縱的重頭戲。

為何要把重頭戲放在趙國呢？因為趙國是個四戰之地，最希望多交朋友，少挨揍。

蘇秦說起話來像機關槍似的，三下五除二就搞定趙國。

這時，秦國打算去趙國砸場子。一旦趙國服軟，合縱馬上就會沒戲。這可怎麼辦呢？蘇秦突然想到老同學張儀。

在蘇秦看來，張儀是個鬼才。只要把他搞到秦國，就能左右秦國政局，到時就不用擔心秦國會攪局了。於是，蘇秦設下圈套給張儀。

小知識

蘇秦派人糊弄張儀去趙國找他，等張儀去見他時，他卻避而不見，也不讓張儀走。耗了很多天，才見張儀。請多年未見的老同學吃飯，大家都恨不得擺一桌滿漢全席，蘇秦卻專挑僕人吃的飯菜上給張儀。這還不算什麼，他更將張儀羞辱一番。

我一句話就能讓你大富大貴，但你不配！

欺人太甚！我要和你斷絕同學關係！

張儀是個特別記仇的人，發誓要報復蘇秦。當時唯一壓制得了趙國的只有秦國，張儀便下定決心去秦國闖蕩。

我一定要混出個人樣！

小知識

話說回來，蘇秦不是想找張儀幫忙嗎？為何要羞辱他呢？這不是為自己拉仇恨嗎？其實是因為他擔心張儀小富即安。

你的舒適圈會毀掉你！

好像有點道理！

張儀家裡沒礦也沒豬，整天窮得掉眼淚。沒有活動經費，連秦惠王的面都見不到，更不用說受到重用了。

有錢男子漢，沒錢漢子難！

蘇秦擔心張儀在秦國撐不住，便派門客和他攀關係，還動不動塞紅包給他。

有錢能使鬼推磨，張儀很快便見到秦惠王，成為他身邊的大紅人。

冷漠的人，謝謝你曾經看輕我，讓我不低頭，更精彩地活！

見張儀在秦國成為大明星，門客的任務完成了，便和張儀辭行。張儀說什麼都不讓他走，因為還沒來得及報答他，門客這才將真相告訴張儀。

我不是你的恩人，蘇老闆才是！

哦?!

張儀和蘇秦不僅是同學，還是同行。兩人幹的都是糊弄人的工作，讓張儀沒想到的是，他著了蘇秦的道。

替我謝謝蘇秦，並轉告他，只要有他在，我不敢讓秦國攻打趙國！

沒有秦國搗亂，蘇秦憑藉三寸不爛之舌成功拉六國入坑，還成為合縱的總司令，佩戴六國相印。

只要你願意做一名學霸，哪怕曾經是條大鹹魚，終有一天也能像我一樣成為巨星！

合縱成功後，蘇秦要回趙國覆命。各國使者跟在他屁股後面當保鏢，氣勢搞得如同帝王一般。

蘇秦路過老家洛陽時，嚇得周天子連忙派人為他警車開道，並且慰勞他。

你比我這個天下共主威風多了！

那倒是！

當蘇秦再次回家時，當初看不起他的老婆、嫂子紛紛跪在地上，都不敢抬頭看他。

回到趙國後，蘇秦升職加薪。不久，他將六國合縱的盟約用快遞寄到秦國，嚇得秦國十五年都不敢踏出函谷關半步。

秦國乃虎狼之國，哪裡肯一直讓人牽著鼻子走？於是派名嘴公孫衍去破壞合縱。

你的好日子到盡頭了！

放馬過來！

齊國、魏國經不住糊弄，傻乎乎地跟著公孫衍一起去趙國砸場子。趙國平白無故挨盟友一頓揍，趙王把氣全撒在蘇秦身上。

你這個總司令是吃白飯的嗎？

怎麼脾氣這麼大！

蘇秦擔心趙王發飆，便糊弄趙王讓他出使燕國，透過燕國來報復齊國。趙王沒多想就答應了，蘇秦一走，合縱便徹底失敗了。

不合縱，這幫傻子遲早會被秦國扳翻！

沒多久，齊國攻打燕國，還搶走十座城，剛即位的燕易王因為盟友背約一事將蘇秦臭罵一頓。

當初我老爸支持你去見趙王，約定六國合縱。現在齊國打完趙國，打燕國。都是因為你，我和趙王才會被天下人恥笑！

小事一樁，我現在去齊國幫你把十座城要回來！

蘇秦見到齊王，先向他慶賀，然後又向他哀悼，一上來就把齊王搞懵了。

你這是什麼意思？

燕王是秦王的女婿，你貪圖燕國的十座城，不惜得罪秦國。如果秦國聯合各國收拾你，你豈不是要完蛋？

蘇秦三言兩語就把齊王鎮住，齊王問蘇秦該怎麼辦，蘇秦立刻開啟糊弄模式。

這麼簡單，我怎麼沒想到呢？

把城還給燕國，不但燕國高興，秦國也高興！

到那時，燕國、秦國都來侍奉齊國，大王就能號令天下，成就一番霸業！

齊王的腦子不怎麼好使，你糊弄五分鐘，他能暈頭兩小時。被蘇秦這麼一糊弄，他傻呼呼地把辛辛苦苦搶來的十座城還了回去。

真是傻得可愛！

多謝誇獎！

蘇秦為燕國立大功，一些壞蛋心裡泛酸，便向燕易王進讒言，汙衊蘇秦是個牆頭草，還想造反。

蘇秦是個反覆無常的小人，大王千萬別被他糊弄了！

蘇秦這小子，枉我還對他那麼好！

造謠一張嘴，闢謠跑斷腿。蘇秦擔心燕易王會聽信讒言怪罪他，連忙駕車回燕國。蘇秦一到燕國，果然受到冷落。

大王，這是怎麼回事？您還欠我一個解釋。

這個嘛，我自有道理！

　　蘇秦心想，我沒立功時，你對我比對親爹還親；現在立功了，你卻不甩我。肯定是有人嚼舌根，說我不守信用。

蘇秦還是非常厲害的「奇葩辯手」，他的神邏輯總能讓人目瞪口呆，無言以對。為了替自己辯解，他便用神邏輯向燕易王狂轟濫炸。

我不守信用是你的福分，因為守信用的人都是為自己著想，而不守信用的人卻總為別人著想！

你說得好有道理，我竟無言以對！

小知識

蘇秦為了證明不守信用好處多多，還質問燕易王說：「像曾參這種大孝子，為盡孝道，每天夜不歸宿都不行，你能指望他不遠千里替你排憂解難嗎？伯夷為了堅守正義，寧願餓死，都不願為周武王打工，你能指望他去齊國糊弄齊王嗎？尾生與女神在橋下約會，女神不來，他寧願抱著柱子被大水淹死，也不願離開，你能指望他不遠千里去說退齊軍嗎？」蘇秦的一番話說得燕易王啞口無言。

蘇秦能把活人說死，把死人說活，擺平一個燕易王，還不是小菜一碟？此後，燕易王對蘇秦更加親近了。

你這口才不去做直銷，簡直委屈了！

蘇秦堪稱「女神收割機」，連燕易王的老媽都曾被他迷倒，兩人還偷偷談過戀愛。

都怪你過分帥氣，都怪我過分著迷！

親愛的，妳過獎了！不敢當！

後來，兩人的地下戀情被狗仔隊曝光。

和太后談戀愛可是死罪，燕易王雖然沒有棒打鴛鴦，但蘇秦為了保命決定放棄愛情。

隨便談個戀愛，差點把命談丟了，真不值得！

男人的嘴，騙人的鬼！

如何從燕國脫身呢？蘇秦打起齊國的主意。

齊國和燕國一直是死對頭，蘇秦便向燕易王主動請纓到齊國做間諜，幫燕國禍害齊國。

我想向老闆申請去齊國搞事情！

一切隨你！

為了獲取齊王的信任，蘇秦自導自演一齣叛逃大戲。等「逃」到齊國後，他靠著精湛的演技輕鬆騙過齊王。

等到齊湣王即位時，蘇秦便朝死裡糊弄他。例如慫恿他四處開發蓋房子，建造園林，藉以消耗齊國的國力。

蘇秦在齊國受寵，讓齊國的一些官員非常羨慕、嫉妒、憎恨。為了和蘇秦爭寵，竟有人派刺客刺殺他。

蘇秦身受重傷，後來因搶救無效死亡。儘管警方進行多方調查，但始終未能偵破案件。

想制服高智商罪犯，就需要更高智商的犯罪心理學家。蘇秦臨終前突然犯罪心理學家附身，向齊湣王獻了一個特別狠的妙計。

等我死後，你對外宣稱我是燕國間諜，然後將我車裂。到時，凶手一定會現身！

好一條妙計，果然薑還是老的辣！

　　等蘇秦被車裂後，凶手便以為國除害的大功臣自居，大大方方地現身了，結果被齊湣王抓住砍了。

這下可以結案了！

紙終究包不住火，蘇秦替燕國禍害齊國的事最終還是暴露了，搞得齊國和燕國更加水火不容。

李斯

學霸之間，必有一戰

如果有人問秦朝最厲害的學霸是誰，李斯稱第二，恐怕沒人敢稱第一。而且，這還得到魯迅先生的首肯。

秦之文章，李斯一人而已！
他的文章幾乎篇篇都是十萬
以上的點閱率！

小知識

李斯（約西元前二八四年～西元前二〇八年），戰國末期楚國上蔡（今河南上蔡）人。秦朝著名的政治家、文學家和書法家。司馬遷《史記》中有〈李斯列傳〉一篇。

年輕時，李斯是個基層幹部，和「學霸」沒有半點關係。
後來，幾隻大老鼠卻改變他的一生。

小知識

　　有一次李斯上廁所，發現幾隻老鼠在吃髒東西，一見到
人和狗立即逃跑。等他再去糧倉時，發現那裡的老鼠卻
住著大房子，吃著大餐，還不用整天擔心人和狗來打
擾。於是，李斯十分感慨地說：「一個人能不能幹大
事，就像老鼠一樣，是由所處的環境決定。」

環境決定
命運！

想要改變自身環境，就得先用知識武裝自己。於是，李斯辭去工作，回到學校，繼續上學。

　　戰國時，天下動盪，人人爭名奪利。李斯當然不甘寂寞，蠢蠢欲動，想學真本事，幹出一番事業，出人頭地。於是，李斯拜了當時的知名學者荀子為師。

在學校裡，李斯跟著老教授荀子刻苦鑽研帝王治理天下的學問。

小知識

當時，齊國的稷下學宮是一流名校，它在列國中的地位相當於現在哈佛大學在國際上的地位，而荀子曾三次擔任稷下學宮的校長一職。

現在能為學生上課的校長不多了！

君子曰：學不可以已

荀子的班級在學校是資優班，班裡有兩個超級學霸：一個是李斯，另一個是說話結巴、但作文成績卻次次滿分的韓非。

一山不容二虎，學霸之間必有一戰！不是在學校，就是出社會後！

哼！誰怕誰？

畢業後，大家各奔東西。李斯去了秦國，做為韓國貴族子弟的韓非則決定回國發展。

下次再見，不是你死，就是我亡！

奉陪到底！

做為應屆畢業生，李斯不但才華出眾，而且先前有過工作經驗，所以到哪都會被大老闆搶著要。

回想起多年前的幾隻大老鼠，李斯為自己找了一人之下、萬人之上的大老闆，就是秦相呂不韋。

李斯是那種比別人優秀，還比別人努力的人。所以，他在公司的業績很突出。呂不韋很看好他，派他去當秦王嬴政的助理。

為了幫嬴政滅掉六國，李斯沒少出鬼點子，例如派遊士帶著金銀珠寶去六國搗亂。

和各個國家鬥爭的過程中，李斯多次獻計，建議秦王要不惜金銀財寶，收買各國掌握實權的大臣，破壞六國的聯合，瓦解他們的組織。秦國以武力做為後盾，反間計當然屢屢得手，李斯一時成為當紅炸子雞。

就在李斯的事業蒸蒸日上時，一件八竿子打不著的事差點斷送他的大好前程。

小知識

韓國有個水利專家以修水渠為名，在秦國從事間諜活動，一不小心被人識破身分。秦國人認為外來的客卿大多不安好心，便慫恿嬴政下逐客令，做為楚國人的李斯就上了黑名單。

李斯連忙寫一份勸諫書，擺事實給嬴政，講道理，證明逐客是個餿主意，這份勸諫書就是非常著名的《諫逐客書》。

要是沒有百里奚、商鞅、張儀這些外國人，秦國能有今天嗎？

好像不能！

你把人才趕走，他們就會幫敵國打工，你這不是找死嗎？

你雖然有口臭，不過說得很有道理！

經李斯這麼一提醒，嬴政這種大神級別的老闆豈會看不出其中的利害？所以，他立刻收回逐客令。

有李斯幫忙出謀劃策，嬴政很快便吹響一統天下的號角，韓國則首當其衝。

回國後的韓非可沒有李斯那麼幸運，一直沒有找到合適的工作，只能待在家裡啃老。

滿腹的才華無法施展，韓非便利用自媒體四處刊登文章，發表很多轉載量驚人的熱門文章。

韓非憑藉文章收穫不少粉絲，就連嬴政也被他圈粉。

嬴政為了能見到韓非，曾發兵攻打韓國。韓王是個膽小鬼，連忙將韓非送到秦國。

韓非哪裡會想到，這次他竟然栽在李斯手裡，甚至連命也搭進去了。

嬴政後來能兼併六國，建立秦朝，李斯功不可沒。當秦王嬴政搖身一變成為秦始皇時，李斯就成為丞相。

小知識

　　知道李斯當時有多紅嗎？他不僅是大秦帝國的二當家，還和秦始皇是兒女親家。他的兒子們娶的都是公主，女兒們嫁的都是皇子。

　　有一次，李斯的兒子請假回家探親，文武百官紛紛去祝賀，門前一下停放了上千輛豪車。

　　就在這時，李斯不禁想起老師曾說過的一句話：「任何事都不能搞得太過頭！」

如今我已富貴至極，然而物極必反，天知道我會有什麼下場！

你愈怕什麼，它愈會發生。果然，沒多久李斯就惹上麻煩了。

李斯這輩子在秦始皇的手下呼風喚雨，春風得意。沒想到秦始皇一死，他就跟著走下坡。李斯這支績優股，從此開始一路下跌⋯⋯

怕死偏偏遇見
送葬的！

當時，一心想長生不老的秦始皇，僅活到五十歲就病死在旅遊途中。

小知識

臨終前，秦始皇讓大宦官趙高替自己寫一封詔書，打算把被他趕出咸陽的大兒子扶蘇召回來，主持他的葬禮。說白了，就是讓扶蘇回來即位。

扶蘇雖然總喜歡拆我的臺，但我依然看好他！

扶蘇是老大，人氣高，還是秦始皇指定的接班人，他當皇帝本來是板上釘釘的事，但壞就壞在詔書握在趙高手裡，而他和扶蘇又合不來。

如果讓扶蘇做皇帝，又豈會有我的好果子吃！

狗膽包天的趙高決定幹一票大的：偽造秦始皇的詔書，讓他的小兒子胡亥做皇帝。

小知識

秦始皇有二十多個兒子，趙高為何偏偏選中胡亥呢？原因有兩個：一、他是胡亥的法學老師，兩人師生關係不錯；二、胡亥是個大傻瓜，連鹿和馬都分不清，很容易成為他的傀儡。

膽子有多大，成就就有多大！

胡亥整天就會撩妹，翹課玩遊戲，壓根沒想過做皇帝。為了勸胡亥做皇帝，趙高像個直銷頭目一樣給他洗腦。

你老爸去世前，唯獨留了一封詔書給你大哥。你大哥回到咸陽做皇帝，你怎麼辦啊？

老爸不分封我們這些兄弟，我能有什麼辦法呢！

趙高見胡亥腦袋不開竅，只好亮出自己的底牌。

讓誰做皇帝，我和李斯說了算，就看你想不想做了！

訊息量太大，讓我想一想！

胡亥起初對做皇帝不感興趣，但被趙高洗腦後，還是動了心。拿下胡亥後，趙高只要再將李斯拉下水，這事就成了。

陛下去世，外人還不知道。玉璽和詔書都在胡亥手裡，讓誰做皇帝，還不是你我說了算嘛！

篡改詔書一旦被發現是要滅族的，趙高的一番話差點把李斯嚇到閃尿。

休要再說亡國之言！這不是人臣應該議論的事！

真是個死腦筋！

趙高是個頂級心理學家，要不是因為擅長揣摩老闆心思，豈會被重用？

對付李斯這種見過大世面的老江湖，趙高心裡清楚，只有打心理戰才有可能拉他下水。

趙高一番連珠炮似的質問，問得李斯啞口無言，趙高隨即開始嚇唬他。

趙高的話句句戳心，徹底摧毀李斯最後的心理防線。李斯最終妥協，答應上趙高的賊船，而這也成為他一生最大的敗筆。

 小知識

其實，李斯沒有完全陶醉在功名利祿，他對自己的處境還是相當清楚。可是，他還是一時不慎，被趙高洗腦，做出糊塗事。可見，身處高位得處處謹慎，不然很容易出事。

胡亥、趙高、李斯三人很快開會。會上，三人達成一致意見：立胡亥為太子，然後偽造詔書，賜死扶蘇和蒙恬。

詔書是以秦始皇的口吻寫的，詔書上說：扶蘇和蒙恬保衛邊疆十多年，不但沒什麼成績，還損兵折將。更可笑的是，扶蘇竟然還有臉多次上書誹謗我的所作所為，還因為沒讓他回京當太子而埋怨我，現在將其賜死。蒙恬不能及時糾正他的過錯，知道他的陰謀也不上報，一同賜死。

　　扶蘇是個單純男孩，一接到假詔書，揮劍就要自殺，不過被蒙恬攔住了。

你是陛下的寶貝，他怎麼捨得讓你死呢？其中一定有詐！最好請示一下，弄清楚情況再死也不遲！

爸爸賜死兒子，有什麼好請示的！

扶蘇不聽勸，最終還是選擇自殺。

如果扶蘇能順利即位，秦朝會二世而亡嗎？很可能不會。理由有兩個：一、秦朝亡於暴政，而扶蘇卻非常仁厚，當初之所以被發配邊疆，就是因為他不贊同老爸的暴政。他如果做了皇帝，一定會推行仁政；二、扶蘇深受百姓愛戴，就連後來的陳勝、吳廣起義打的都是他的旗號。如果扶蘇做了皇帝，陳勝、吳廣怎麼會起義呢？即便有這類人起義，也成不了氣候。至於蒙恬，他雖然沒有自殺，但後來還是被趙高逼死了。

扶蘇一死，胡亥成功上位，他就是中國歷史上遭萬人唾罵的秦二世。

一提到你，大家就想吐槽！

胡亥雖然做了皇帝，但從來不辦公，整天就知道聽音樂會，看雜技表演，國家大事全權交給趙高處理。趙高除了會整人，什麼都不會。有這兩個活寶在，大秦帝國不亡還有天理嗎？

接下來，就是趙高坑隊友的時刻了，因為他盯上李斯的丞相之位。為了把李斯趕下臺，他開挖坑始給李斯。

秦二世即位第一年就發生陳勝、吳廣起義，被秦始皇滅掉的六個國家紛紛復國。當時，形勢十分危急，但秦二世依然整天逍遙快活。李斯多次想勸諫，但就是見不到秦二世。趙高對李斯說，等陛下空閒的時候，我派人通知你。每當秦二世玩得正開心時，趙高就派人通知李斯。一連好幾次，都快把秦二世氣炸了。

我閒的時候他不來，我快活的時候他總是來搗亂。他這是看不起我，還是在故意戲弄我？

陛下英明，李斯這老小子就是沒安好心。

趙高見火候到了，決定再加一把火。

陛下即位時，丞相沒有得到好處，難道他想據地稱王？

竟有此事？是可忍，孰不可忍！

我還聽說他兒子和陳勝那幫反賊有來往！

　　秦二世聽說李斯父子想謀反，本來想把他關進監獄，但沒有證據，於是便派人去調查他兒子。

等拿到證據，看我怎麼收拾他！

這事交給我！

李斯這才猛然發現自己被人當猴耍了，本來想反擊，但依然見不到秦二世，只好上書抨擊趙高。

做人要低調，不要衝動！

看你能把我怎麼樣！

秦二世整天被趙高洗腦，都快洗出水來了。所以，無論李斯說什麼，秦二世都不信。秦二世還擔心李斯會加害趙高，因此提醒他防著點。

李斯現在唯獨忌憚我趙高，一旦我死了，他就能大膽地造反了！

別怕！我替你撐腰！

趙高大演悲情戲，讓秦二世下定決心將李斯送進監獄。更悲催的是，秦二世還派趙高去審李斯。

你這不是讓貓審耗子嗎？我還不被他玩死？

要的就是這個效果！

小知識

李斯被捕時曾吐槽說：「夏桀殺關龍逢，商紂王殺比干，夫差殺伍子胥，並非三人不忠，而是跟錯老闆。我的才能不及三人，但秦二世的殘暴卻遠超過他們的老闆，我恐怕遲早要死在秦二世手裡。秦二世勞民傷財，殘害忠良，我一定會看到反賊攻入咸陽，使皇宮變成廢墟！」

我可以明確地告訴你，你看不到了！

趙高為了逼李斯認罪，恨不得將十八般兵器全用上。

李斯當時已經七十多歲，一把老骨頭哪經得起嚴刑拷打？最終沒扛住，被屈打成招。

小知識

當時，與李斯一起獲罪的還有右丞相馮去疾、將軍馮劫。兩人不堪受辱，雙雙自殺。但李斯為何寧願受辱也不自殺呢？因為他對秦二世仍抱有幻想。他認為自己沒少為大秦立功，又沒有謀反之心，說不定秦二世哪天良心發現會放了他。

你真會作白日夢啊？

每次趙高派人審訊李斯時，李斯總是翻供。但只要他翻供，就會挨一頓毒打。

趙高特別狡猾，一看李斯不再翻供，立刻慫恿秦二世派人提審李斯。

李斯哪裡知道是秦二世的人，仍然供認自己有謀反之心，結果成了冤大頭。

秦二世見李斯認罪，還傻乎乎地將趙高誇獎一番。

要不是你，我恐怕要被丞相出賣了！

為陛下效勞，我趙高責無旁貸！

不久，李斯被腰斬，還被滅了三族。

善惡終有報，天道好輪回。不信抬頭看，蒼天饒過誰！

小知識

李斯死後，趙高順利做了丞相。不過，第二年趙高殺了秦二世。但趙高也未能善終，後來被秦二世的接班人——秦王子嬰給殺了。

3

朱買臣

家裡有個學霸是一種什麼體驗？

家裡有個學霸，是很多人夢寐以求的事。但在漢朝，有一個叫朱買臣的學霸因為愛讀書，老婆卻要和他離婚。

按理說，男學霸一向很討女生喜歡，但為何朱買臣會被老婆嫌棄呢？

朱買臣到底哪裡怪呢？這事還要從頭說起。

朱買臣是個窮書生。有多窮呢？老鼠去他家覓食，去過一次，都不想再去第二次了。

沒錢，你可以去打暑假工，開補習班，兼職做家教啊！

常言道，人是鐵，飯是鋼，一頓不吃餓得慌。為了填飽肚子，朱買臣經常帶著老婆去山上砍柴，然後拿去賣。

想要的可以去我的賣場下單！

小本生意，恕不議價！

賣家親自送貨上門，支持貨到付款！

朱買臣挑著柴，一邊走路，一邊拿著書大聲朗讀。

一天不讀書，沒人看得出；一週不讀書，嘴裡會爆粗；一月不讀書，智商輸給豬！

走火入魔了！

街坊鄰居都把朱買臣當奇葩，天天嘲笑他。雖然他滿不在乎，但他老婆卻恨不得找個地縫鑽進去。

太在意別人的看法，你就會像條三角褲，別人放個屁，你都得承受！

老婆曾多次勸他不要在路上讀書，他不但不聽勸，還故意提高嗓門。老婆實在受不了了，便提出離婚。

你這種學霸注定一生孤獨！

　　別看朱買臣窮，但自信心爆表，挽留老婆用的理由非常霸氣。

我到五十歲時定能大富大貴，而今已經四十多歲，妳為什麼不能再等幾年，和我一起享福呢？

像你這種人，遲早會餓死在臭水溝裡，怎麼可能大富大貴！

女人主動提離婚，一定是傷透了心，九頭牛都拉不回來。

朱買臣沒辦法，只好在離婚協議書上簽字。兩人辦完離婚手續沒多久，老婆就做了別人的新娘。

請妳一定要過得比我幸福，才不枉費我狠狠退出！

跟著誰都比跟著你強！

儘管朱買臣從「雙節棍」變成光棍，但他不打算改掉自己的「臭毛病」，每天依然挑著柴，一邊走路，一邊大聲讀書。

不讓讀書，不如讓我去死！

只有在讀書時，我感覺自己還活著！

有一天，朱買臣的前妻和老公去墓地上香，恰巧遇到朱買臣。當時，朱買臣不但餓，還被凍成狗。前妻很心疼，連忙弄了一些熱飯給他。

　　唉，一個人如此勤奮努力地讀書，到頭來居然混到這個分上，算是丟人丟到家了。

學霸的運氣不可能一直差下去，有一年，朱買臣跟隨地方官員去京城出差，遇到他一生的貴人——嚴助。

嚴助是漢武帝的寵臣，和朱買臣是老鄉。他知道朱買臣是匹千里馬，只是缺伯樂，便將朱買臣推薦給漢武帝。朱買臣發揮學霸優勢，向漢武帝講起《春秋》、《楚辭》時，簡直滔滔不絕。漢武帝一高興，讓朱買臣做大官。朱買臣從一個平頭老百姓瞬間變成大明星。

漢武帝想建造朔方郡，但御史大夫公孫弘卻認為太浪費錢，極力反對。

　　漢武帝便派朱買臣去刁難公孫弘，他一口氣提出十個問題，公孫弘一個都沒答上來。

幸虧你沒去學校當出題老師，不然全校學生都要補考！

　　就在朱買臣官運亨通時，一不小心犯了個錯，就把官給搞丟了。

真是放屁扭著腰——倒楣透了！

不過，朱買臣很快就等到東山再起的機會。他趁東越王造反之際，為漢武帝出了平叛的好主意。

小知識

朱買臣是會稽郡人，漢武帝知道他在落魄時曾被街坊鄰居瞧不起，就特意封他為會稽太守，讓他奉旨回老家炫耀一番。

富貴不還鄉，就像大半夜穿一身名牌去逛街，誰瞧得見呢！

懂我！

各郡在京城都有駐京辦事處，朱買臣當初丟官時，就住在會稽郡的駐京辦事處，他決定先去逗一逗那裡的老鄉。

朱買臣穿著舊衣服，揣著太守官印回到駐京辦事處時，從老家來了幾個官員，正在喝酒，卻把他當空氣。他走進房間吃飯，其間故意將官印露出一部分。和他一起吃飯的人奪過官印，一看驚呆了，隨即衝出房間，把這事告訴外面的人，但大家喝多了，都不信。有個一向瞧不起朱買臣的老鄉進屋察看一番，連滾帶爬地跑出去，大喊道：「確實如此！」大夥嚇得頓時清醒許多，連忙排隊去拜見朱買臣。

大人，你真是個淘氣鬼！

隨後，朱買臣乘坐專車回老家上任。路過縣裡時，他看到前妻和老公正在修路，連忙停下車，將他們帶進太守府，好吃好喝地伺候著。

一個月後，沒想到發生一件怪事：朱買臣的前妻在太守府自殺了。

你們猜哪種觀點比較準確？

小知識

朱買臣的前妻為什麼會自殺呢？主要有兩種觀點：第一種，朱買臣是個渣男，將前妻接進府裡是為了羞辱她，前妻不堪羞辱才會自殺；第二種，前妻是個自尊心很強的人。當初離婚就是因為別人嘲笑朱買臣，如今朱買臣富貴了，別人肯定會更加嘲笑她，笑她眼瞎才離婚。她十分羞愧，這才自殺。

小知識

第二種觀點比較有可能。離婚後的夫妻可不一定都是仇人，前妻對朱買臣挺不錯，在朱買臣落魄時給他飯吃，他有理由羞辱前妻嗎？再說了，朱買臣是個知恩圖報的人，不但給前妻的老公一筆錢，讓他安葬前妻，還報答曾經幫助過他的所有人，這種人像是渣男嗎？

他勤奮讀書時，你們嘲笑他，讓我很受傷！現在他富貴了，你們卻來嘲笑我，讓我更受傷！你們這種行為和網路霸凌有區別嗎？

一年多後，朱買臣率領大軍大敗東越王，立下赫赫戰功，被漢武帝召回京城，封為主爵都尉，位列九卿。

朱買臣總愛犯錯，沒幾年就從九卿被打回原形。後來，漢武帝惜才，讓他做丞相祕書。

不久，朱買臣和一個心狠手辣的酷吏較勁，這個酷吏名叫張湯。

小知識

張湯有多冷酷呢？講個他小時候的故事：有一年，老爸外出，讓張湯看家。等老爸回來時，發現家裡的肉讓老鼠叼走了。老爸將張湯暴打一頓。張湯氣不過，挖開老鼠洞，找到偷肉的老鼠和吃剩的肉，一一列舉老鼠的罪狀，然後將老鼠肢解。

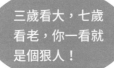

三歲看大，七歲看老，你一看就是個狠人！

哼，這不算什麼！我能讓一隻大猩猩承認自己是猴子！

世上沒有無緣無故的愛，也沒有無緣無故的恨。朱買臣為何和張湯過不去呢？有兩個原因：

一、張湯排擠、陷害朱買臣的恩人嚴助，導致嚴助被殺；

小知識

嚴助和淮南王關係不錯，後來淮南王造反，嚴助受到牽連。漢武帝本來不想殺他，但張湯堅持要殺雞儆猴，這才導致嚴助被殺。

二、張湯經常攻擊、打壓朱買臣。

小知識

以前，朱買臣走紅時，張湯還是個上不了檯面的小角色。後來，張湯爬到朱買臣上面後，百般打壓、羞辱朱買臣，氣得朱買臣一直想弄死他。

後來，張湯做了一件不厚道的事，徹底激怒朱買臣。

當時有人盜竊皇陵，丞相與張湯約定一起向漢武帝請罪。誰知道一見到漢武帝，張湯突然變卦，沒有請罪。丞相請罪後，漢武帝讓張湯審訊丞相。張湯早就惦記丞相之位，想趁機把他趕下臺，打算以明知故縱的罪名處置。

你說話怎麼像放屁似的？

你說得真對，這就是我的風格！

丞相的兩個祕書和朱買臣一樣都與張湯有仇，三人見自己的上司被張湯算計，決定組團收拾他。

我早就想收拾他了！

冤冤相報何時了，不如斬草除根！

三人先將和張湯關係要好的商人田信抓起來，逼迫他說實話。每次張湯向皇帝彙報事情前，都會事先告知田信，讓他提前囤積貨物，等發財了，再與張湯分贓。

凡是有關張湯的黑歷史，給我統統爆出來！

這太容易了，一抓一大把！

　　漢武帝聽到張湯的這些黑歷史，氣呼呼地把張湯召來，旁敲側擊地詢問，但他死不承認。

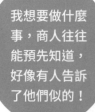

我想要做什麼事，商人往往能預先知道，好像有人告訴了他們似的！

不好意思，和我沒有一點關係！

這事還不足以讓漢武帝對張湯生出殺心，而張湯的另一個仇人減宣卻給了他致命一擊。

小知識

做為酷吏，張湯得罪過的人手把手能繞地球半圈。有個叫李文的仇家抓住他的小辮子，正要整他，不料被自己的親信魯謁居搶先告了一狀。張湯抓住李文，趁機宰了他。後來魯謁居病死，他的弟弟因為告狀的事遭牽連被抓，誤以為張湯不肯施救，於是將哥哥與張湯密謀除掉李文的事供出來，而這個案子的主審官恰好是減宣。減宣很聰明，知道僅憑一件事還不足以扳倒張湯，所以一直隱忍不發。直到張湯又犯錯，才將這事上報給漢武帝。

論落井下石，你絕對是天下第一！

那當然！

漢武帝沒想到張湯竟然是個奸詐小人，一連派八批使者責問張湯，但他仍拒不認罪。

當時，張湯相當於最高法院的院長，一般人壓根治不了他。於是，漢武帝換了個叫趙禹的大老去治他。

趙禹的一番話點醒了張湯，他知道自己活不成了，臨死前向漢武帝寫了一封奏疏，直言自己是被丞相的三個祕書陷害的。

我死也要拉你們
三個墊背！

　　張湯死後，家裡人本來想厚葬他，但他的老媽死活不同意。

張湯死得很冤，
怎麼能厚葬呢？

家人用牛車拉著張湯的屍體，將他草草安葬。這事後來被漢武帝知道了，漢武帝愈想愈不對，感覺似乎冤枉了他。

不是虎媽生不出這樣的虎子啊！

少廢話！趕緊替我兒子報仇！

漢武帝開始追究朱買臣等三位祕書的責任，一查，發現張湯還真是被他們陷害的。不久，漢武帝下令將他們全部處死，同時還逼殺丞相。

你是不是想魂飛魄散？

一條命換四條命，我賺大了！

4

東方朔

被段子手耽誤的怪才

漢朝時期，有一個幽默滑稽的段子手，他一張嘴，保證能讓大夥捧腹大笑，還靠說段子得到皇帝的寵幸，這個人就是東方朔。

　　東方朔十三歲開始讀書，十五歲學擊劍，十六歲學《詩經》、《尚書》，十九歲學兵法。他讀過的書，幾車都拉不完。

有一年，漢武帝選拔人才，東方朔便向漢武帝上書推薦自己。

當時沒有紙，文字都寫在竹簡上。東方朔的奏章足足用了三千個竹簡，需要兩個人才能扛得動。

東方朔是個自戀狂，他在奏章上將自己狠狠地誇獎一番。

更讓人忍俊不禁的是，他還誇自己長得帥。

我身高似姚明，眼睛如珍珠一樣明亮，牙齒如貝殼一樣潔白！

是個怪才，先去公車府做個儲備幹部吧！

在公車府待一段時間，東方朔一直沒受到重用，工資待遇非常低。為了見到漢武帝，他想到一個歪主意：嚇唬侏儒。

你們既不能種地，也不能打仗，還白白浪費糧食，皇帝打算宰了你們！

我們好可憐！請指條明路給我們吧！

侏儒們一個個都嚇壞了，東方朔裝模作樣地出了一個保命的主意給他們。

　　等漢武帝路過時，侏儒們紛紛跪在地上，磕頭求饒，搞得漢武帝摸不著頭腦。

漢武帝一時哭笑不得，於是，他將東方朔召來訓斥一番。

你為何要恐嚇
那些侏儒呢？

侏儒身高不足一公尺，
而我身高二公尺多，拿
的工資卻一樣多。他們
每天都能吃撐，而我卻
餓得要死！不公平！

漢武帝聽罷，哈哈大笑，從此開始親近東方朔。

把你帶在身邊，
遲早會笑出腹肌！

漢武帝喜歡玩猜物遊戲，有一次，他用碗蓋住一隻壁虎讓別人猜是什麼，大夥都沒猜中，東方朔便站出來要試一試。

漢武帝一連讓東方朔猜了好幾次，全被他猜中。郭舍人是個諧星，很不服氣，認為東方朔都是矇對的。

郭舍人沒想到東方朔又猜對了，漢武帝讓人打了他一百鞭子，打得郭舍人哭爹喊娘。

哈，嘴上沒毛，嗷嗷直叫，屁股愈翹愈高！

小子，你等著！

郭舍人挨了一頓打，又遭嘲諷，心裡窩火，便向漢武帝告狀，說東方朔侮辱天子的隨從，應該棄市。

我只是和他說個謎語罷了！嘴上沒毛說的是狗洞；嗷嗷直叫說的是鳥給小鳥餵食的叫聲；屁股愈翹愈高說的是鶴低頭啄食的樣子！

你怎麼能侮辱他呢？

郭舍人不服輸，要和東方朔比猜謎語。如果東方朔猜錯，就用鞭子抽他。

郭舍人胡亂編造一個謎語讓東方朔猜，豈料他竟然回答得有理有據，讓郭舍人無言以對。

不久，漢武帝分肉給大家，但等到天黑，都沒有下達分肉的命令。東方朔等得不耐煩，直接拔出劍，割一塊肉就回去了。有人把這事告訴漢武帝，漢武帝便讓東方朔當著大夥的面責備自己。

被你打敗了！

東方朔啊東方朔！不等詔令就割肉，是多麼無禮啊！拔劍割肉，是多麼壯烈啊！割肉不多，是多麼廉潔啊！回家又把肉送給老婆，你簡直就是個暖男啊！

　　東方朔的一番話，搞得漢武帝和群臣都笑到快岔氣了。漢武帝不但沒有繼續責備他，還賞他一石酒、一百斤肉，讓他回家孝敬老婆。

比我老公顧家的，沒我老公有錢；比我老公有錢的，沒我老公顧家！

你老公就是傳說中的潛力股啊！

東方朔的酒品不怎麼樣，有一次喝醉竟然直接在大殿上撒尿。就因為這事，他曾被漢武帝炒過魷魚。不過，後來他又被起用了。

東方朔雖然整天看起來不正經，卻時時關心國家大事，且時常勸諫漢武帝。

會講段子雖然是東方朔的一個優勢，卻成為他事業上的絆腳石，因為在漢武帝看來，他僅是一個會逗樂的段子手。所以，無論他工作多努力，漢武帝從來沒有重用過他。

　　直到東方朔臨終前勸諫漢武帝要做個不要聽信讒言的好皇帝時，漢武帝這才猛然發現東方朔不只是個段子手。

5

孔融

我就是那個「別人家的孩子」

很多人打小就有一個或多個陰魂不散的夙敵。

有些頻繁出現在你爸媽的 Line「家長群組」裡！

有些住在你家隔壁！

有些甚至和你相隔千山萬水！

不管這些夙敵在哪裡，都不妨礙爸媽隨時搬出他們來碾壓你。而這些一提起來就讓大家聞風喪膽、自慚形穢的人，就是「別人家的孩子」。

你看看別人家的孩子都知道學習！

你看看別人家的孩子每次都是班上第一名！

你看看別人家的孩子……再看看你！

漢朝末年，就有一個「別人家的孩子」，他的光榮事蹟還被寫進《三字經》，成為後世孩子教科書式的榜樣。他就是大聖人孔子的第二十世孫：孔融。

小知識

正所謂「出名要趁早」，和孔融相比，七歲砸缸的司馬光、六歲秤象的曹沖都有點弱爆了──實在太晚成名了。「孔子第二十世孫」的標籤，是孔融成為網紅的天然條件。頂著孔門後人的巨大光環，在千萬雙眼睛的關注下，隨便做一件小事，都可能被無限放大。

四歲那年，孔融因為「讓梨」一事而紅遍「家長圈」。

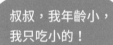
小知識

孔融四歲時，每次和哥哥們一起吃梨，總是撿小的拿。長輩們問他原因，他說：「我年齡小，就應該拿小的。」沒想到這個小不點竟然這麼懂事，大家都誇他是個好寶寶。這就是「孔融讓梨」的故事，也是這事被寫進《三字經》：融四歲，能讓梨。弟於長，宜先知。

孔融十歲時開始追星，但從來不追歌星、電影明星，只追文化界的大明星。

當時，有個文化界的大明星叫李膺。李膺有個小毛病，愛擺架子，他只見兩種人：一種是文化名人，另一種是和他有交情的人。如果是其他人上門求見，都會被保安轟走。有一次，孔融趁老爸帶他去京城期間，跑到李府要見李膺。保安問孔融和李膺有什麼關係，孔融稱和李膺家有交情，保安這才放他進去。

小朋友，我們兩家有交情嗎？

先人孔子與您先人老子是師友關係，怎麼能說沒有交情呢？

李膺和朋友們沒想到一個小屁孩竟然這麼會攀關係，都快笑成鵝叫了。大夥誇獎孔融時，有個傢伙卻潑了一盆冷水。

孔融特別愛學習，不管什麼書都看，家裡的書都快被他翻爛了。

十六歲時，孔融惹上官司，還差點要他的命。

漢朝末年，宦官特別壞，文武百官見他們像耗子見貓似的。有個叫張儉的地方幹部，因為舉報宦官的家屬幹壞事而遭誣陷。官府發布通緝令，要抓張儉。張儉和孔褒是死黨，便逃到孔褒家。當時，孔褒不在家，孔融擅自做主，收留了張儉。後來事情暴露，雖然張儉成功逃跑，但孔融和孔褒卻因窩藏罪犯而被抓進監獄。

窩藏罪犯可是要殺頭的，孔融和孔褒必須死一個。

這是一道送命題，請小心答題！

是我收留張儉，要殺殺我！

張儉是來找我的，要殺殺我！

當時，孔融的老爸早已去世。主審官估計是天秤座，有選擇障礙，不知道殺誰好，便去審問孔融的老媽。

我是家長，
孩子犯錯，
理應殺我！

一家三口搶著挨刀，搞得主審官頭疼，便將皮球踢給朝廷。朝廷倒是乾脆俐落，下令殺了孔褒。

腦袋掉了不過
碗大個疤！不
必難過！

雖然孔融未能成功替哥哥頂罪，但這事卻讓他名氣大增，使他與當時的名士陶丘洪、邊讓齊名。

知道我們當時有多紅嗎？和你們的偶像「五堅情」有得比！

孔融是個「三好學生」，才華好，人品好，口碑好，這在當時幾乎是做官的標準配備。

官府曾多次叫他去做官，但他死活不幹。不過，他倒是挺給司徒楊賜面子，後來做了司徒府的官吏。

我只和人品好的人共事！

有一次，皇后的哥哥何進即將升官，楊賜派孔融拿著名片去祝賀。孔融等了半天，迎賓員卻沒有替他通報。孔融很生氣，奪回名片，轉身回去。

你這不是在打何進的臉嘛！

何進的幫手很生氣，想派人刺殺孔融。不過，孔融福大命大，有個聰明人說了一句話給何進，不但救了他，還讓他因禍得福。

孔融是名人，殺了他，你會掉粉。不如好好對他，反而會漲粉！

馬上給他升官！

官場上，如果孔融能和同事搞好關係，時不時拍拍長官馬屁，他的官肯定愈做愈大。

然而，他偏偏既是耿直男孩，又是愛國青年，正因如此，他碰上兩個屬害的角色，一個是超級無敵大壞蛋董卓，另一個是梟雄曹操。

孔融 PK 董卓

董卓起初是個省級官員，後來有人叫他到京城幫忙殺宦官，忙沒幫上，他反倒控制住皇帝和朝廷。

當時，就連「京城第一少」袁紹和後來的「三國一哥」曹操都怕他。

雖然董卓殺人如麻，但孔融卻一點都不怕他，還經常挑刺。

當時，爆發了黃巾軍起義。董卓為了治孔融，想了一個損招：哪裡的黃巾軍最猖獗，就把孔融派到哪裡當官。

黃巾軍是一幫大漢，孔融一個文弱書生哪裡打得過他們，所以，雙方一交戰，孔融就被打趴了。

打不過黃巾軍，孔融只好去烙人。但誰肯幫忙呢？他想到當時還是 C 咖明星的劉備。劉備聽到孔融叫他去幫忙，像粉絲聽說偶像點名叫他參加粉絲後援會一樣興奮。劉備與好哥們關羽、張飛率領幾千人馬傻裡傻氣地跑去了。

謝天謝地你們來了⋯⋯關二爺，能借你的青龍偃月刀削個梨嗎？

劉備一到，三下五除二就幫孔融打跑黃巾軍。

這件事後，孔融就特別欣賞劉備，在很多場合都不遺餘力地誇讚他。這樣一來，孔融不僅還了劉備人情，也讓劉備的名氣逐漸在中原地區傳播開來。看來劉備這一筆投資，實在非常划算。

孔融 PK 曹操

　　曹操在許都挾天子以令諸侯時，孔融就待在天子身邊。當孔融發現曹操漸漸露出篡漢的野心時，就開始炮轟他。

小知識

在許都的那些日子裡，孔融的日常生活就是阻礙曹操。曹操的兒子娶媳婦，孔融嘲笑他；曹操外出打仗，孔融嘲笑他；就連曹操因為鬧饑荒而上表請求禁止喝酒，孔融也嘲笑他。因此，曹操將他視作眼中釘、肉中刺，要不是看他名氣大，早宰了他。

總有人跟你唱反調是一種什麼體驗？

如坐針氈，如芒在背，如鯁在喉！

積攢一肚子怨氣的曹操最終還是沒有放過孔融。

孔融一生潔身自好，曹操抓不到把柄，怎麼殺他呢？往他頭上扣屎盆子，例如說他圖謀不軌、誹謗朝廷、不孝。

曹操使用最狠的一招是誣陷孔融不孝，眾所周知，儒家一向提倡孝道，但曹操偏偏誣陷孔融曾說過「爸爸和兒子有什麼可親的？兒子不過是老子情欲發洩的產物。兒子與媽媽就像把東西放進瓦器中，一旦生出，就沒什麼關係了」這樣的話。難怪魯迅先生曾嘆息說：「倘若曹操在世，我們可以問他，當初求才時就說不忠不孝不要緊，為何又以不孝之名殺人呢？然而事實上，縱使曹操再生，也沒人敢問他，我們倘若去問他，恐怕他會把我們也殺了。」看樣子，孔融實在是非死不可了。

5 孔融 ‖ 119

李密

不學習，和鹹魚有什麼區別？

隋、唐時期，有無數英雄一夜成名，例如「混世大魔王」
程咬金，以及被當成門神的秦瓊。

程咬金和秦瓊直至今天仍家喻戶曉，但你知道是誰捧紅他
們的嗎？是他們曾經的大老闆李密！

李密年輕時，靠爸在皇宮裡當隋煬帝的保安。

隋煬帝是個大暴君，缺點多得像天上的星星，優點少得像天上的太陽，唯一拿得出手的優點就是第六感非常準。

隋煬帝第一次注意到長得烏漆墨黑的李密時，就預感到他未來可能會成為自己的災星。

隋煬帝隨即命大臣宇文述將李密炒魷魚，宇文述看出李密是個績優股，只是沒有做好職涯規劃，於是便找他談心。

小老弟，你天資聰穎，應該靠才學謀取官職，做保安太暴殄天物了吧！

　　李密是個機靈鬼，被宇文述點撥後，立刻辭掉工作，變成一名資深宅男，整天窩在家裡讀書。

直到今天我才知道，靠爸是沒有前途的，靠自己才能走得更遠！

有一次，李密外出串門子，騎著一頭老黃牛，將《漢書》掛在牛角上，一手牽著牛，一手翻書，這就是「牛角掛書」的故事。

這位同學，你為什麼這麼喜歡學習呢？

不學習，和鹹魚有什麼區別？

這事恰巧被隋朝的二號首長楊素撞見，他一聲不吭地跟在李密身後，觀察很久，才向李密打招呼。

小夥子，知道學霸和學渣有什麼區別嗎？

學霸考試靠實力，學渣考試靠視力！

和學霸聊天是一件非常愉快的事，楊素和李密聊得很投機，後來楊素十分感慨地對兒子楊玄感等人說——

> 和李密比，你們都是學渣！

楊玄感想沾沾李密的「學霸氣」，便和他成為好哥兒們。不過，有時楊玄感會故意羞辱李密，李密也常反脣相譏。

> 兩軍交戰，震懾敵人，我不如你。若論指揮天下豪傑，你不如我！

有一年，隋煬帝正在遼東和高句麗幹架，楊玄感突然起兵造反，還讓李密當軍師。

小知識

楊玄感要錢有錢，要官有官，為何要造反呢？因為隋煬帝猜忌楊家。他爸楊素曾幫隋煬帝奪取皇位，因此常居功自傲，隋煬帝對此十分不滿。隋煬帝曾說：「要不是楊素死得早，遲早會被滅族！」再加上朝中有很多官員都是楊家捧紅的，所以隋煬帝對楊家很不放心。楊玄感害怕隋煬帝發難，這才造反。

做為王牌軍師，李密向楊玄感提出推翻隋朝的上、中、下三策。

小知識

李密的上策是趁隋煬帝和高句麗幹架，切斷他的後路。前有敵軍，後無退路，要不了多久，隋煬帝的大軍就會斷糧，到那時不費吹灰之力就能擒獲隋煬帝；中策是迅速拿下西京長安，占據險要地勢與隋煬帝對抗，即便隋煬帝從前線殺回來，也奈何不了他們；下策是就近攻打東都洛陽，但洛陽防守堅固，是勝是敗只能聽天由命。

楊玄感是個猛男，每次幹架都是帶頭揍人，很有西楚霸王項羽的風範，所以大家都稱他是「當代項羽」。

項羽雖然能打，但最後還不是落得烏江自刎的下場！我的第六感告訴我，你會步他的後塵！

　　楊玄感接連打了幾場勝仗，變得有些膨脹，自以為天下很快就會被他收入囊中，便想提前過過皇帝癮。

各地百姓還不願意當你的粉絲，你卻猴急地想做皇帝，會讓天下人瞧不起的！

好吧，先圈粉！

隋煬帝受不了別人造他的反，立刻派幾路大軍前去圍剿。楊玄感扛不住，這才選擇當初李密向他提出的中策：攻取長安。

小知識

隋軍愈來愈多，火力愈來愈猛。如果讓士兵知道楊玄感是因為打不下洛陽才去打長安的，軍心就會動搖。為了讓士兵跟他去打長安，他撒了個彌天大謊，說自己已經攻破洛陽。

人在撒謊時，鼻子上的神經末梢會被刺痛，而觸摸鼻子可以緩解疼痛。你說話時在摸鼻子，說明你在撒謊！

路過弘農宮時，楊玄感幹了一件蠢事，把大事給耽擱了。

小知識

當地老百姓攔著楊玄感說，弘農宮兵少糧多，不搶白不搶。與此同時，弘農宮的官員想把楊玄感耗死在這裡，免得他去長安搞事情。但怎樣才能留住他呢？兩個字：罵他！楊玄感被罵得狗血噴頭，整個人都快氣炸了，便停下來玩命攻打弘農宮。

你欺騙大家一路向西，如果滯留此地，進不能據守潼關，退又無路可退，一旦士兵逃散，你拿什麼保全自己？

不聽不聽，王八念經！

楊玄感一連打了三天，不但沒什麼收穫，還被隋軍追上。

兩軍一番惡戰，楊玄感被打得兵敗自殺，李密和幾個小夥伴成為俘虜，隋軍打算把他們交給隋煬帝處置。

李密鬼點子多,讓大家把錢包、提款卡全拿出來,然後送給押送他們的官員。

這幫官員見錢眼開,就對金主們放鬆警惕。李密趁機帶人挖穿牆壁,成功潛逃。

死裡逃生的李密加入一個造反團隊。

小知識

新老闆心氣高，不太尊重李密，李密知道跟著這種老闆
混，不會有什麼出息，索性辭去工作，改名換姓，逃到
農村辦學招生。既然辦學招生，就安生地教書育人，但
他偏不，結果寫了一首反詩把自己暴露了。

看來又要過逃亡
的日子了！

當李密再次站在人生的十字路口時，決定重操舊業：造反。這次，他選擇投奔瓦崗寨。

如果沒有瓦崗寨，就沒有後來李密的大紅大紫。不過，他剛到瓦崗寨時，卻差點成了刀下鬼。當時瓦崗寨的大當家叫翟讓，有人知道李密曾替楊玄感打過工，暗中慫恿翟讓除掉李密。好在李密的職場生存能力強，連忙找人幫腔，又向翟讓獻計，這才躲過一劫。

我和貓一樣有九條命，想讓我死，沒那麼容易！

翟讓有個剋星叫張須陀，他被張須陀打怕了，每次聽說張須陀來討伐，他都嚇得尿褲子，李密卻笑眯眯地對翟讓說——

別怕，你只管擺開陣勢和他打，我來幫你除掉他！

　　當張須陀再次帶兵討伐瓦崗軍時，翟讓很不情願地帶兵迎戰，結果很明顯，又被打成狗。
　　就在這時，李密突然率伏兵殺出，一戰斬殺張須陀，幫翟讓出了一口惡氣。

同樣沒有接受過義務教育，你為何如此優秀？

李密從此一戰成名，翟讓非常賞識他，還讓他當小主管，撥給他一支軍隊。

小知識

李密不但打仗有一套，還很會籠絡人心。他把自己的軍隊打造成一支特種部隊，每次繳獲的金銀珠寶，他分文不取，全部分給將士，所以大夥都願意替他賣命。

我和馬雲爸爸一樣，對錢沒有興趣！

盤子愈做愈大，李密的野心變得愈來愈大。他開始計畫先拿下東都洛陽，然後一步步吞併天下。

翟總，你有人有槍，怎麼能只想著做個小小的流寇呢？

我是個老農民，沒什麼追求。如果你想幹大事，我可以當你副手！

不久，李密與翟讓一舉拿下當時全國最大的糧倉——洛口倉，然後開倉賑糧，一下漲了幾十萬粉絲。

開倉賑糧比拍戲、上綜藝節目漲粉還快呢！

還是你會做行銷！

沒有李密撐場子，瓦崗軍不可能走紅。翟讓是個實在人，大大方方地把瓦崗寨的頭把交椅讓給李密，李密從此升格為「魏公」。

從今往後，你就是瓦崗寨的大哥大了！

　　李密極具領袖魅力，積攢不少路人脈，程咬金、秦瓊就是在這個時候歸附李密的，李密還讓他們擔任內軍的領袖。

我這八千內軍，抵得過百萬大軍！

李密雖然坐擁百萬粉絲，卻無法拿下洛陽。

眼下，擺在他前面的有兩條路：第一條，像楊玄感一樣繼續攻打洛陽；第二條，像當初他提給楊玄感的中策一樣，放棄洛陽，攻取西京長安。

選哪一條呢？李密和楊玄感做了相同選擇。

小知識

楊玄感死得很慘，李密為何還要走他的老路呢？有三個原因：一、李密能做老大，是翟讓讓給他的。一旦他離開，難保那幫人不會鼓動翟讓踢他出局；二、他手下的將領大多是綠林好漢，他不在，他們很可能會單飛；三、士兵都是崤山、函谷關以東的人，沒有多少人願意隨他背井離鄉攻打長安。

我若不在，連雷峰塔都鎮不住我手下的人馬！

從後來發生的事來看，李密的選擇是對的，因為他還沒離開，瓦崗寨內部就出事了。

翟讓是個佛系漢子，不當大哥好多天，也不想再當，但他哥哥和老部下卻十分眼紅李密打下的大好基業，於是紛紛慫恿翟讓奪回大權。

皇帝只能由我們自家人做，怎麼能送給別人呢？如果你不想做，就該由哥哥來做！

以前，翟讓是李密事業上的墊腳石，現在卻成為絆腳石，李密便對他動了殺心。

你就像埋在我身邊的一顆地雷，說不定哪天就會爆炸，炸得我屍骨無存！所以，留不得你！

　　有一次，翟讓找李密喝酒。李密趁其不備，讓人從背後砍死他，同時還宰了他的哥哥和心腹。

　　混亂中，翟讓的部將徐世勣也被砍傷，要不是李密阻止，早就成了刀下鬼。

你發自內心對待的人，有可能會拿刀子捅你的真心！

李密雖然從此穩坐頭把交椅，卻傷了一票人的心，他的事業開始走下坡。

　　當時，李密最大的敵人是駐守洛陽的王世充。雖然王世充和李密幹架基本上沒贏過，但李密也拿不下洛陽。所以，兩人一直沒完沒了。

兩人最後到什麼程度呢？雙方做起了生意。

王世充整天被困在洛陽城裡，雖然衣服穿不完，但沒有糧食做飯，也叫不到外送。李密雖然不缺糧食，但缺衣服，於是兩人便互相交換物品。沒多久，李密發現不對勁，自從王世充的人有了飯吃，投降的人愈來愈少，李密這才終止交易。

我可以不穿衣服，
但你不能不吃飯！

咕

將士們把頭別在褲腰帶上替李密賣命，圖什麼呢？一個字：錢！

　　戰爭已經打到穿不起衣服的程度，李密豈會有錢打賞將士？所以，將士們很不滿，甚至有人出賣他。

　　當手下敗將王世充第一次大敗李密時，李密輸得一塌糊塗，甚至敗到連個立錐之地都沒有。

李密原本打算投奔徐世勣，有個豬隊友卻攔住他。

徐世勣是翟讓的老部下，當初李密殺翟讓時，差點把他殺了，算是結下了仇。所以如果這次投靠他，難保徐世勣不會借機報仇。

李密心裡沒底，不敢拿生命去冒險，最終選擇投奔剛建立唐朝的李淵。

小知識

如果李密投奔徐世勣，結局肯定不會那麼悲慘，甚至還可能東山再起。為何這麼說呢？因為李密投靠李淵後，徐世勣說了一番肺腑之言：「我統領的土地和人民本來就是魏公的，如果我直接獻給李淵，等於借花獻佛，為自己邀功，這是恥辱。我應當將這些獻給魏公，讓魏公獻給李淵，這就等於是魏公的功勞了。」

如果上天再給我一次機會，我會對那個勸阻我投奔你的人說三個字：「我恨你！」

李密自我感覺良好，認為李淵一定會封他做大官。

要不是我牽制洛陽的隋軍，他不可能輕易拿下長安，並且稱帝！

我手下大將如雲，擁有我，他就能占有我的資源和人脈！

但等李密一到長安，頓時傻眼，因為一切和他設想的完全是兩碼事。

不讓我做大官就算了，能不能管好你的爪牙，別讓他們再敲詐我了！

就在這時，李淵走了一步臭棋：讓李密返回老巢，召集舊
部，除掉王世充。

給你一個報仇
的機會！

求之不得！

讓李密回老巢，無異於縱虎歸山，他一走，還能再駕馭得
了嗎？所以李密剛走沒多遠，李淵就後悔了，連忙派人去追。

老闆叫你回去
吃刈包！

不好意思！
我剛吃過了！

就這麼回去，會被李淵一輩子捏在手裡，再無出頭之日。
李密咬咬牙，反了！

李密挑選幾十名彪形大漢，讓他們打扮成偽娘，戴上面罩，將刀藏在裙子裡，混進一個縣城。

他們將縣城劫掠一空後，繼續前進，派人通知外援接應。就在這當口，李密被李淵的人追上，還中了埋伏，丟掉性命。

我猜到了開頭，卻沒有猜到結局！

7

狄仁傑

每個學霸都是潛在的神探

很多人只知道狄仁傑是個斷案如神的神探，不管什麼驚天大案，只要交到他手裡，沒有查不出來的，但很多人卻不知道，狄仁傑不僅是個神探，還是個學霸！

斷案只是工作需要，學習才是我的愛好！

小時候，狄仁傑家的僕人被殺，衙役前來調查，大夥都爭相和命案撇清關係，唯獨狄仁傑津津有味地看書。衙役責備他，他卻回懟對方一頓。

我正在書中與聖賢對話，沒空搭理你們這些俗人！

長大後，狄仁傑靠著一身才華做了官。

俗話說：木秀於林，風必摧之。有個人嫉妒狄仁傑的才華，便向長官誣陷他。長官氣沖沖地將他叫來問話，卻猛然發現他是個天才。

孔夫子曾經說過，查看一個人的過失，才知道他是天才還是蠢貨，而你卻是那滄海遺珠啊！

不久，狄仁傑做了大理寺丞，相當於最高法院的庭長。就是在此期間，他才獲得神探的美名。

其實我算不上神探，是後人太抬舉我了！

一年內能斷下涉及一萬七千多人的案子且無人喊冤，不是神探是什麼？

有一次，兩個大臣誤砍唐高宗爸媽陵墓裡的柏樹，惹怒了唐高宗。本來罪不至死，但唐高宗非要殺他們。

當時，大家都不敢幫腔，只有狄仁傑站出來幫他們申辯。

你這是想讓我背負不孝之名嗎？

砍一棵柏樹就要處死，要是有人盜墓，你還有辦法處置嗎？

再說了，因為一棵柏樹而殺兩位大臣，後人會怎麼瞧你？你難道不在乎自己的口碑嗎？

好吧，饒他們一命！

後來武則天稱帝，將國號「唐」改為「周」，唐朝便變成武周王朝。

武則天非常欣賞狄仁傑，便提拔他做宰相。不過，他還沒在宰相的位子上待幾個月，就被酷吏來俊臣以謀反罪關進監獄。

如果不承認謀反，我就把你的臉打成全彩，鼻子打成平板，腦袋打成振動的，門牙打成翻蓋的！

雖說狄仁傑沒有謀反之心，但如果承認謀反，有兩個好處：一、不用遭受酷刑；二、可以免死。

你們猜狄仁傑有沒有承認？

他毫不猶豫地承認了！

現在是大周的天下，而我本是唐朝的舊臣，我怎麼可能不謀反呢？

來俊臣手下有個叫王德壽的小人，想升官，為了搞出點業績，便恬不知恥地勸狄仁傑誣陷別人。

事成之後，我會給你好處！

我狄仁傑怎麼可能做出這種事呢！

　　狄仁傑一頭撞在柱子上，血流了一臉，可把王德壽嚇壞了，連忙道歉，這事才算過去。

大哥，不幫忙就不幫忙吧，沒必要玩命啊！

等來俊臣放鬆警惕，狄仁傑就偷偷寫一封奏章，塞在破棉襖裡，然後對獄警說——

天這麼熱，不裝個空調，快把我熱死了！麻煩你幫我把衣服送到我家，讓家裡人把裡面的棉花去掉！

狄仁傑的兒子很聰明，拿到衣服後，很快翻出裡面的奏章，立刻呈報給武則天。

陛下，你要是再不出手，我爸非死在那幫酷吏手裡不可！

武則天派使者去監獄調查，來俊臣得到消息，連忙替狄仁傑換了一身官服。

他在我這裡享受著五星級待遇呢！

來俊臣還讓王德壽當槍手，以狄仁傑的名義向武則天寫一道「謝死表」，讓使者呈遞給武則天。

是狄仁傑自己承認謀反的！你看，連謝死表都寫好了！

武則天看過謝死表，對狄仁傑非常失望，於是把他叫來親自審問。

我待你不薄，你為何要謀反呢？

我要是不說自己謀反，恐怕早被打死了！

你既然沒有謀反，為何要寫謝死表呢？

這不是我寫的！

武則天這才發現自己被來俊臣耍了，但來俊臣是她的鷹犬，所以武則天沒有懲罰他。

　　倒楣的反倒是狄仁傑，雖然被無罪釋放，卻被貶為小縣令。

　　幾年後，狄仁傑重新被召回京城做宰相，且被武則天視為心腹重臣。

武則天有多寵愛狄仁傑呢？她從來不直呼狄仁傑的名字，而稱他為「國老」。

武則天晚年為了讓自己的武周王朝延續下去，曾想過把皇位傳給姪子。正是因為狄仁傑的勸說，她才下定決心立兒子李顯為皇太子，大唐王朝才又延續二百餘年。

你簡直就是活菩薩！

不敢當！不過確實如此！

狄仁傑去世時，武則天悲痛欲絕，為他輟朝三日。

像狄公這麼賢明的人，北斗星以南，就你一個！

你這人怎麼這麼愛說實話！

8

上官婉兒

一個女學霸的逆襲

唐朝是一個盛產詩人的時代，你去長安街隨便找個門衛大爺或賣菜的大媽，說不定就是個詩人，甚至是詩界的掃地僧。

我們這個時代，寫詩的人比讀詩的人還多！

　　詩人多，意味著彼此之間競爭大。如果穿越到唐朝，你知道如何才能從眾多詩人中脫穎而出，成為一名「網紅詩人」嗎？

低級炒作、炒緋聞、蹭熱度在我們這裡都不管用！

最好的辦法就是把你的詩拿給當時的一位大才女品評，如果能得到她的認可，就能立刻火紅。

這個大才女就是號稱能秤量天下人才的上官婉兒！

上官婉兒的身世非常悲慘，有多慘呢？打個比方，如果靠賣慘立人設能進軍演藝圈，上官婉兒就是穩穩的「演藝圈一姊」。

有沒有人敢和我比慘？我剛出生時，家人被殺，我和媽媽還淪為官奴！

上官婉兒悲慘的身世是誰造成的呢？說出來挺諷刺的，就是後來一手捧紅她的女皇武則天。

不過，這事也怪她爺爺上官儀，得罪誰不好，偏偏得罪武則天。

「母老虎」比老虎更可怕！

那就不要招惹我！

當時，武則天還是皇后。她不像大多數女同胞一樣喜歡逛街、追劇、網購，只喜歡摻和朝政，且處處壓老公唐高宗一頭。

能不能好好待在家裡做個家庭主婦？

不可能！

唐高宗心裡窩火，便想廢掉她，於是把宰相上官儀召來一起商議。

武則天的特務遍布天下，這事豈能瞞得了她？她從女漢子瞬間變成軟妹子，對唐高宗各種撒嬌、哭鬧。

唐高宗心太軟，便改變了主意。但他卻是個「妻管嚴」，怕武則天記恨，於是讓上官儀替自己背鍋。

武則天是個有仇必報的主子，沒多久，她便替上官儀扣了一頂謀反的帽子。

上官儀與兒子一起被殺，尚在繦褓中的上官婉兒與老媽被沒入掖庭，做了官奴。

早知道一出生就要做官奴，我就不該下凡！

做了官奴想再翻身比登天還難，那麼，上官婉兒是靠什麼逆襲的呢？

兩個字：才華！

上官婉兒不但冰雪聰明，而且愛學習，打小便飽讀詩書，寫得一手好文章。

小知識

在古代，一般家庭的孩子是讀不起書的，而大多又不讓女孩子讀書，因為古代重男輕女，認為「女子無才便是德」。上官婉兒做為官奴，怎麼會讀書寫字呢？有兩種可能：第一種，上官婉兒的媽媽教的。上官儀是個大才子，又是宰相，他的兒媳婦應當是個能識文斷字的大家閨秀；第二種，唐朝後宮有教育機構，專門負責教育官奴，上官婉兒可能是在這裡接受教育。

如果說「女子無才便是德」，那妳該有多缺德啊！

有這麼誇人的嗎？

上官婉兒雖然被埋沒在掖庭中，但掩蓋不住的才氣卻讓她名揚後宮。

上官婉兒十四歲那年，武則天聽說她很有才，便把她召來，且當場出題考她。

上官婉兒憑藉自己的才華，一舉征服武則天，還從最卑賤的官奴一躍成為武則天的祕書。

上官家和武則天有血海深仇，上官婉兒為何願意待奉武則天，且對她忠心耿耿呢？主要有兩個原因：一、她出生不久，爺爺和老爸就被殺了，他們之間不存在深厚的親情；二、武則天是她在後宮唯一的依靠，她離不開武則天。武則天又為何敢把上官婉兒留在身邊呢？因為她有信心吃定上官婉兒。

離開我，妳什麼都不是！

奴婢明白！

上官婉兒本來前程似錦，但在武則天稱帝後，她卻幹了一件掉腦袋的事：違抗聖旨！

想與妳爺爺、爸爸團聚是吧？

不不不！

抗旨是死罪，但武則天念她有才，不忍殺她，於是改為在臉上刺字。

才華有時能當免死金牌用！

從此以後，上官婉兒學乖了，武則天讓她幹什麼就幹什麼，要她怎麼做就怎麼做。

　　不久，武則天讓她做自己的首席祕書，還讓她參與政務，處理百官奏表，上官婉兒儼然成為「巾幗宰相」。

感謝長官對我的栽培！

跟我混，保妳榮華富貴享用不盡！

　　伴君如伴虎，尤其是陪伴在武則天這種母老虎身邊，如果沒有足夠的政治智慧，上官婉兒早就領便當了。

　　恰好是這種政治智慧，讓她在唐中宗發動政變逼迫老媽武則天退位後，不但毫髮無損，還做了唐中宗的小老婆。

都是您培養得好！

呋！還有這種神操作！

上官婉兒的私生活很亂，因為她很喜歡撩漢，和武則天的
侄子武三思曾有一腿。

小知識

　　上官婉兒還做了一件毀三觀的事：將武三思介紹給韋皇
后，讓武三思成為她們的「共用情人」。這件事情在宮
中幾乎無人不知、無人不曉，可糊塗的唐中宗李顯卻像
是被蒙在鼓裡，不僅不聞不問，還把武三思當作心腹，
委以重任。有時候，武三思與韋皇后互相調笑、打情罵
俏，李顯彷彿不在意，真是奇葩。

可以共用的不僅有
單車，還有我！

韋皇后不是什麼好女人，她的閨女安樂公主也是個不良少女。母女倆有個共同愛好：當皇帝。

小知識

母女二人想做女皇帝，李唐皇室肯定不答應，尤其是太子。於是，她們便與上官婉兒、武三思組團打壓太子和李唐皇室。

不管大家答應不答應，我們都要做女皇帝！

小知識

唐中宗在位期間，武三思和韋皇后獨攬大權，勢力龐大，不可一世。武三思的兒子武崇訓娶了安樂公主為妻，經常唆使安樂公主侮辱欺負太子。

因為太子不是韋皇后親生，所以經常受到猜忌。安樂公主曾多次勸唐中宗李顯廢掉太子，立自己為皇太女。

太子一直不受寵，擔心被廢，便發動一場政變。

太子先帶人殺了武三思全家，然後衝進皇宮殺上官婉兒、韋皇后和安樂公主。

長時間被幾個女人打壓，快把太子憋屈死了。他懷恨已久，早就想出口惡氣，這回豁出去了，不達目的絕不甘休。太子帶人衝到皇城，點名索要上官婉兒。

上官婉兒一看，大事不好，立刻嚇得花枝亂顫。

對上官婉兒而言，躲哪最安全呢？當然是唐中宗和韋皇后的住處。

上官婉兒心裡清楚，太子發動政變不是針對唐中宗，但如果不把唐中宗捲進來，擊垮太子，她必死無疑。所以，她決定把水攪渾。

太子是想先殺了我，然後依次殺掉皇后和陛下啊！

多虧妳提醒！

唐中宗聽說兒子要殺他，差點氣死。連忙帶著韋皇后、安樂公主和上官婉兒躲進玄武門。

你是不是聽說過「玄武門」？沒錯，它正是我爺爺唐太宗發動玄武門之變的地方！

　　太子帶兵殺到玄武門時，被宿衛軍擋道。他手下的人看到皇帝站在玄武門的城樓上，立刻變卦，紛紛倒戈。

誰給我殺了這個逆子，有重賞！

太子見大事不妙，拔腿就跑，但沒跑多遠就死在自己人手裡。

上官婉兒成功躲過一劫，此後更加受寵。在唐中宗的支持下，她經常舉辦文化沙龍，與大臣以及文化名人一起吟詩作賦。

上官婉兒受寵，她的小情人們也跟著沾光，有個小情人還靠她做宰相。

上官婉兒的眾多情人中，有一個人叫崔湜。此人是個小鮮肉，有幾分才氣，卻完全沒有骨氣。不僅伺候過上官婉兒和太平公主，還和安樂公主有一腿。靠著這些裙帶關係，崔湜一路升遷，飛黃騰達，最後居然做到宰相高位。

你難道不覺得靠女人上位很丟臉嗎？

連個女人都沒有，那才丟臉！

一個人一生不可能次次都走狗屎運，唐中宗一死，上官婉兒的好運就到盡頭了。

　　唐中宗死後，韋皇后妄圖稱帝，以太平公主、李隆基為首的李唐皇室發動唐隆政變，殺了韋皇后與安樂公主。

也不看看自己夠不夠格，就想當女皇帝！

難道我們真是癩蛤蟆想吃天鵝肉？

天下人都知道上官婉兒和韋皇后、安樂公主是一條船上的人，覆巢之下會有完卵嗎？

可惜上官婉兒的如意算盤打錯了，因為李隆基壓根不買帳，最終還是被殺了。

9

唐伯虎

你相信學霸考試會作弊嗎？

明朝時期，江南有四大學霸，分別是唐伯虎、祝枝山、文徵明和徐禎卿。

「江南四大學霸」中，誰最有資格站 C 位呢？

很多人的印象中，唐伯虎不僅有才，還是個土豪，而且娶了一堆老婆，他的畫作千金難求。如果你也這麼認為，說明你被電影、電視劇騙了。

　　唐伯虎不但混得慘，而且命運多舛。二十多歲時，家人差點死光：爸爸、媽媽、妹妹、老婆和孩子相繼病逝。

唐爸爸是個商人，生前最大的心願就是希望兒子能考取功名，光宗耀祖，但唐伯虎偏偏是個對參加科舉考試一點都不感興趣的人。

我怎麼會生出你這麼個小雜種！

那得問你呀！

好友祝枝山見唐伯虎整天和一幫狐朋狗友鬼混，便用激將法激他。

如果想讓你老爸含笑九泉，你就去參加科舉；如果想讓你老爸死不瞑目，乾脆俐落點，把你的課本全燒了！

激將法在唐伯虎的身上還挺管用，做為秀才的他這才決定去參加第二年的鄉試。

小知識

明、清時期，科舉考試分為四級：童試、鄉試、會試和殿試。童試屬於初級考試，中選者稱秀才；鄉試在省裡舉行，中選者稱舉人，第一名稱解元；會試在京城舉行，中選者稱貢士，第一名稱會元；殿試由皇帝主持，中選者稱進士，第一名稱狀元，第二名稱榜眼，第三名稱探花。童試三年舉行兩次，鄉試、會試、殿試三年舉行一次；鄉試次年舉行會試，會試當年舉行殿試。

給我一年的複習時間，如果考不中，我就和科舉永遠說「掰掰」！

接下來的一年裡，唐伯虎像個大門不出、二門不邁的小媳婦，整天待在家裡用功讀書，做考古題。

小哥哥，帶我出去兜風好不好？

滾！沒看見我在學習嗎？

一年後，唐伯虎參加鄉試，考取第一名。所以，有人叫他「唐解元」。

學霸總能化腐朽為神奇！

第二年，野心勃勃的唐伯虎想一鼓作氣，再拿下會元和狀元，於是便進京參加會試和殿試。

不想連中三元的考生不是好學生！

與唐伯虎一同進京趕考的還有兩個人：一個是他的粉絲，也是個富二代，名叫徐經；另一個是他的好朋友都穆。

給你們劇透一下，這次考試有兩人會考砸！

以唐伯虎的才華，在會試中拿個第一不是什麼難事，但等到放榜的那一天，唐伯虎傻眼：他與徐經雙雙落榜，只有都穆榜上有名。

沒有中舉，還不算最倒楣！更倒楣的是，他與徐經還被錦衣衛抓進監獄。

錦衣衛為何會抓他們呢？因為言官華昶向明孝宗舉報他們考試作弊。

從來沒見過像你們這麼狂的考生！

錦衣衛在明朝是狠角色，個個讓人膽顫。但他們審來審去，卻毫無收穫。

明孝宗只好讓三法司與錦衣衛聯合會審，不過，也僅審出一點小成果，就是徐經承認送過錢給程敏政。

明孝宗立刻把程敏政、華昶叫到午門對質，但仍一無所獲。大家都沒招了，只好對徐經進行嚴刑拷打，徐經這才道出實情。

進京時，我們曾花錢向程先生求學。他出了幾道模擬題給我們，沒想到竟然猜中命題，這才被大家誤會！

儘管唐伯虎與徐經是清白的，卻被革去功名，貶為衙役，意味著他們一輩子都沒有資格再參加科舉考試了。

小知識

程敏政因為收過徐經的錢，又不避嫌，最後被炒魷魚。至於華昶，因為沒有查明真相就指控他人而被貶官。

我們的大好前程毀於一旦！

肯定有人在背後搞鬼！

這事實際上並不複雜，不過是一些考生在考試前拜謁名流、結交大家，以此展現自己的學識和才華，從而博得一個好名聲而已。

　　這種事情在當時是慣例，不值得大驚小怪。可是在特殊情況，如果被別有用心的人利用，就可能掀起大波瀾。唐伯虎一個不小心掉進染缸裡，就永遠洗不乾淨了。

　　「科場舞弊案」雖然已經結案，但我們不禁要問，是誰製造這場冤案呢？是華昶嗎？

程敏政替唐伯虎和徐經出題一事，一般人不可能知道，又是誰向華昶告密的呢？唐伯虎曾親口承認，是自己的一位朋友。

朋友為何要
害你呢？

還不是嫉妒
我的才華！

唐伯虎有沒有去做衙役呢？當然沒有！因為對他而言，做衙役實在是太有失身分了！

你本來可以做大官，別人卻讓你當保安，是你你願意嗎？

回到家後，他的二婚老婆怎麼看他怎麼來氣。唐伯虎忍無可忍，便將她給休了。後來，他又娶了一個老婆，並生下一女。

編劇們，這是我最後一位老婆！麻煩你們以後創作劇本時，別再替我隨便添加老婆了！

老婆再多，也得養得起才成！

科場舞弊案對唐伯虎打擊很大,他從此變身背包客,縱情於山水之間,不再理會世俗的功名利祿。

世界那麼大,
我想去看看!

為了維持生計,唐伯虎只好賣字畫,而這恰好讓他成為一名大畫家。

如果把你所有的畫拿到
二十一世紀拍賣,你說
不定能成百億富豪!

我的畫這麼值錢,
我怎麼沒看出來!

後來，唐伯虎在桃花塢建造了一處宅院，取名「桃花庵」，整天與朋友在那裡飲酒作詩，一直到他去世為止。

縱觀唐伯虎的一生，其實可以用〈桃花庵歌〉的兩句詩概括：

10

王陽明

要做就做天下第一等事

中國五千年的歷史長河中，有無數巨星名垂青史，但能做到立德、立功、立言三不朽的卻不超過三人，而王陽明算得上其中一個。

你這麼厲害，一定有不少粉絲吧？

必須的！孫中山、蔣介石、梁啟超、日本軍神東鄉平八郎都是我的粉絲！

王陽明的出生十分玄虛，常人都是十月懷胎所生，但他卻在老媽肚子裡待了整整十四個月才出生。

在娘胎裡待著舒服，壓根不想出來！

據說，王陽明出生時，奶奶曾夢見一位神仙騰雲駕霧前來送子，因此，給他取名「王雲」。

黃帝一出生就會說話，帝嚳一出生就能叫出自己的名字。王陽明有神仙加持，至少不會比他們差太多吧？但奇怪的是，直到五歲時他還不會說話。

有一天，一個奇人去王家串門子，碰見了王陽明，一見面便連連嘆息。

奇人像替王陽明開光似的，對他一番撫摸，然後將他的名字改為「王守仁」，王陽明（「陽明」是他的別號）突然就能張口說話了。

王陽明小時候不但愛學習，還特別喜歡問問題。有一次，他和老師討論何為天下第一等事，老師說，當然是讀書做大官啦！

　　王陽明的老爸曾是狀元，又是高階主管，而他本人也是優質男，在別人看來絕對是個金龜婿。所以，他還未成年時，上門提婚的人就踏破了門檻。

十七歲那年，王陽明便早早地做了新郎官，新娘則是江西布政司參議（相當於今江西副省長）的千金。

小夥子，英年早婚啊！

唉，沒辦法。一上線就被瘋搶！

小知識

結婚當天，王陽明還鬧了個笑話。那天，大家等著新郎官去接親，誰知道王陽明在途中遇到一個道士，便向他請教養生術。這一聊就是一天，結果把結婚這事都給忘了。直到第二天，大家才找到他。

你是不是想跪洗衣板啊？

後來，王陽明考中進士，做了官，而他一生的榮耀與悲劇恰好是從這時開始的。

念了這麼多年書，最後發現還是幼兒園好混！

剛入官場沒幾年，王陽明就得罪了權傾朝野的大太監劉瑾。劉瑾將他暴打一頓，然後貶到偏僻的貴州龍場做驛丞。

不給你點教訓，你永遠不知道天有多高，地有多厚！

龍場是個鳥不拉屎的地方，連個夜店、酒吧、電影院都沒有。王陽明每天除了工作，就是悟道。

小知識

一天夜晚，王陽明像吃了醒腦開竅丸一樣，突然大徹大悟。這事被稱為「龍場悟道」。後來，他又開創陽明學。陽明學為王陽明在日本、朝鮮等國圈粉無數。

無善無惡心之體，有善有惡意之動。知善知惡是良知，為善去惡是格物。

劉瑾不死，王陽明一輩子都別想有出頭之日，好在朝廷裡有一幫還算有良心的人把他給宰了。

天作孽猶可恕，自作孽不可活！

被你的烏鴉嘴說中了！

沒多久，朝廷便替王陽明升職加薪。

後來，朝廷派他去平叛。誰都沒想到他一個文官帶著一群
小嘍囉，竟然輕鬆搞定朝廷幾十年都沒能解決的巨寇。

大家對你的崇拜猶如滔滔
江水連綿不絕，又如黃河
氾濫一發不可收拾！

有一年，王陽明去福建平叛，途中突然聽說寧王朱宸濠造
反，他立刻動員周邊州縣的官員去收拾寧王。

如果寧王東下，拿下
南京就壞事了。我們
得想辦法阻撓他，只
要拖延十天，就沒什
麼可怕的了！

為拖住寧王，王陽明幹了兩件事：一、放煙霧彈；二、使用離間計。

小知識

王陽明的煙霧彈就是派間諜四處造謠，說有多路大軍已經趕來平叛，給寧王造成四面楚歌的假象，讓他待在老巢不敢輕舉妄動。

我們的人馬上就到，就問你怕不怕？

小知識

為了離間寧王與他的心腹，王陽明悄悄寫信給寧王心腹，大誇他們愛國，然後反其道而行，讓他們勸寧王東下，再把消息洩露給寧王。等這些心腹真的勸寧王東下時，他反倒猶豫了。

老大，只要我們迅速東下，拿下南京，你就能稱帝！

你們是想把我往火坑裡推吧？

等過了十多天，寧王發現王陽明壓根沒有什麼援軍，這才知道上當了。

寧王氣到吐血，親自帶領六萬人馬，一路殺向南京，途中一舉攻克多座城池。

當寧王在前方打得正嗨時，王陽明沒有和他針尖對麥芒，而是直接帶兵去抄他的老巢。

等王陽明拿下寧王的老巢後，寧王慌了，連忙回軍救援。但他絕對不會猜到，王陽明早已設下圈套，正等他往裡面鑽呢！

寧王不但沒奪回老巢，反倒賠了夫人又折兵，最後還讓王陽明活捉。

三十五天就被我活捉，丟不丟人？我要是你，早一頭撞死在豆腐上了！

　　當時，既沒有電話，又沒有 Line，王陽明不可能上一秒擒獲寧王，下一秒就把戰果上報給明武宗。

　　明武宗是個傻瓜，喜歡做一些無厘頭的事。他聽說寧王造反，樂壞了，立刻自稱威武大將軍，御駕親征。

你這一點都不像是去打仗，倒像是去員工旅遊！

要的就是這效果！

走到半道上，明武宗聽說寧王已經被抓，大為掃興。他手下有一幫惡棍，沒少收寧王的錢，擔心王陽明揭發他們，紛紛朝王陽明潑髒水。

這幫惡棍為了替明武宗找樂子，甚至出餿主意，讓王陽明把寧王放了，讓明武宗親自抓捕他。

副將軍許泰、大太監張忠被王陽明搶走頭條，非常惱火，便以威武大將軍的名義把王陽明調往別處。

世界欠我們一個頭條！

不和你們這幫小人說話！

王陽明沒搭理他們，執意要親自上門向皇帝獻俘。不過，他卻在皇帝那裡吃了閉門羹。

你為何要親自獻俘？該不是為了邀功吧？

我是為了阻止皇帝繼續進軍，免得大軍侵擾到老百姓！

這點小事豈能難得住王陽明！他立刻去拜訪比許泰和張忠官大、口碑好的大太監張永，還將寧王交給了他。

　　張忠等人以追查朱宸濠餘黨為名，在地方大肆騷擾搜刮。張永到達後全力安撫，安定地方，辦完事後，趕緊拉著張忠等人離開，才避免當地的一場災難。後來張忠等人多次誣告王陽明，也多虧張永從中斡旋化解，王陽明才得以免遭陷害。

王陽明隻身一人去見皇帝，結果沒見到。後來，他在南昌遇到了許泰、張忠。仇人見面分外眼紅，兩人便變著法地整王陽明。

寧王好歹也是江西首富，他的錢怎麼都不見了？

那些錢都用來賄賂人了，有名單可查！你們敢不敢查一查？

小知識

　　許泰、張忠沒一個屁股乾淨的！他們沒少拿寧王的錢，名單上肯定有他們的名字，所以兩人被嗆得臉紅脖子粗。

兩人知道王陽明是文人，便逼著他去校場射箭，好讓他當眾丟人，沒想到王陽明卻三射三中。

　　兩人像瘋狗似的，一直咬著王陽明不放，即便是回京後，他們仍然在皇帝面前百般抹黑王陽明。多虧有張永從中斡旋，王陽明才平安無事。

為了置王陽明於死地，兩人可謂是煞費苦心。

陛下，王陽明日後必反，你要是不信，可以召見他，他一定不敢來！

小知識

此前，兩人曾多次假傳聖旨召王陽明進京。由於有張永通風報信，王陽明一直沒去。兩人以為皇帝召王陽明進京，王陽明肯定不會去。沒想到王陽明一接到聖旨，立刻跑去了。

瞧見了沒有，這種人怎麼可能造反呢？

小人就像癩蛤蟆，即便不咬人，也討人厭。王陽明為了避免小人們再阻礙自己，在上報平定寧王之亂的捷報中，替小人們都記了一功，他們這才乖乖閉嘴。

> 寧願得罪君子，也不要得罪小人。得罪君子不會有什麼事，得罪小人，事就會沒完沒了！

　　後來，王陽明病重，請求告老還鄉。還沒等朝廷批覆，他就匆匆上路了。可惜還沒到家，就病死在途中。

小知識

王陽明雖然去世了，但他的仇人仍不肯放過他，彈劾他擅離職守。皇帝下詔剝奪他世襲爵位的特權。直到很多年後，另外一個皇帝即位，才追贈他為新建侯，重新給予世襲爵位。

> 我心光明，一切榮華富貴皆是過眼雲煙！

HISTORY 系列 075

學霸養成記：歷代學子的逆襲之路

作　　者 —— 韓明輝
主　　編 —— 邱憶伶
責任編輯 —— 陳映儒
行銷企畫 —— 林欣梅
封面設計 —— 兒日
內頁設計 —— 張靜怡

編輯總監 —— 蘇清霖
董 事 長 —— 趙政岷
出 版 者 —— 時報文化出版企業股份有限公司
　　　　　　108019 臺北市和平西路三段 240 號 3 樓
　　　　　　發行專線 —— (02) 2306-6842
　　　　　　讀者服務專線 —— 0800-231-705・(02) 2304-7103
　　　　　　讀者服務傳真 —— (02) 2304-6858
　　　　　　郵撥 —— 19344724 時報文化出版公司
　　　　　　信箱 —— 10899 臺北華江橋郵局第 99 信箱
時報悅讀網 —— http://www.readingtimes.com.tw
電子郵件信箱 —— newstudy@readingtimes.com.tw
時報出版愛讀者粉絲團 —— https://www.facebook.com/readingtimes.2
法律顧問 —— 理律法律事務所　陳長文律師、李念祖律師
印　　刷 —— 勁達印刷有限公司
初版一刷 —— 2022 年 1 月 14 日
初版六刷 —— 2022 年 12 月 16 日
定　　價 —— 新臺幣 350 元
（缺頁或破損的書，請寄回更換）

時報文化出版公司成立於 1975 年，
1999 年股票上櫃公開發行，2008 年脫離中時集團非屬旺中，
以「尊重智慧與創意的文化事業」為信念。

學霸養成記：歷代學子的逆襲之路／韓明輝著.
-- 初版 . -- 臺北市：時報文化出版企業股份有
限公司, 2022.01
224 面；14.8×21 公分 . --(History 系列；75)
ISBN 978-957-13-9843-3（平裝）

1. 傳記　2. 中國

782.1　　　　　　　　　　　　110021194

ISBN 978-957-13-9843-3
Printed in Taiwan